JN439248

사랑이 머무는 자리

사랑이 머무는 자리

남승원 시집

계간문예

| 시인의 말 |

문단 활동을 하며 여러 가지로 부족함이 많음에도 늘 응원하고 용기를 준 여러 선배 작가님들과 가족들에게 감사한다.

투병 중에도 가슴 시린 날들

부르지 않았음에도 내 속을 파고들어 그렁그렁 눈물이 고이게 하였다.

끝나지 않을 것만 같던 숨 막힌 시간들로 인한 내 삶. 그 더딘 걸음으로 쓴 일기는 곧 한 편의 시가 되었다.

첫눈을 기다리는 소녀처럼

하얀 눈이 내 손바닥 위에 내려앉을 때 시집을 묶게 되어 더없이 기쁘다.

미완의 과제를 위해 앞으로도 깊고 단단하게 노력하리라, 다짐을 해 본다.

남승원

■ 목차

시인의 말 • 4

1부
그리움으로 물든 시간들

그리움으로 물든 시간들 • 12
라일락 꽃 향기가 진한 날 • 13
영산홍 • 14
그리움 • 15
꽃샘추위 • 16
겨울 숲 • 17
당신이 오는 날 • 18
편지 1 • 19
짝사랑 • 20
당신 모습 • 21
마음 1 • 22
마음 2 • 23
사랑하기에 • 24
첫눈 • 26

2부
아픔의 저편을 바라보며

아픔의 저편을 바라보며 • 28
류머티즘 • 30
선물 • 31
내게도 찬연한 햇살이 • 32
밤에 울고 있는 나무 • 33
갈바람 • 34
멍에 • 35
회양목 울타리 • 36
외로움 • 37
슬픈 꿈 • 38
겨울 1 • 39
현기증 • 40
인생길 • 41
빈 잔 • 42
몽당연필 • 43

3부
일어서는 봄

일어서는 봄 • 46
나이 • 47
저녁 강을 안은 노을 • 48
포장마차 • 49
그 마음에 물들고 싶어 • 50
자귀나무 꽃 1 • 52
대추꽃 • 53
새벽비 • 54
봄비 • 55
등나무 • 56
새벽 • 57
십이월 • 58

4부

바람 불어 멀리 가는 향기

바람 불어 멀리 가는 향기 • 62

침묵 • 63

물동이에 담긴 마음 • 64

아름답고 행복하지만은 않아도 • 65

화해 • 66

귀갓길 • 67

구르는 낙엽 • 68

석류 • 69

결백 • 70

고목 • 71

빈 병 • 72

고백 • 73

시계2 • 74

진실 아닌 진실 • 75

종소리 • 76

5부
사랑이 머무는 자리

고향의 향기 • 78
화랑대 간이역 • 79
서울역 • 80
일개미 • 81
어머니 • 82
아버지의 눈물 • 83
수락산 • 84
내 사랑이여 • 86
사랑하는 내 딸아 • 87
사랑이 머무는 자리 • 88
J야 갈바람은 그렇게 너를 찾아왔구나 • 89
5월의 꽃 • 90
서울의 강 • 91
봄나물 • 92
사계 1 • 93

• 작품 해설

시에 기댄 시어, 그리움과 아픔과 일어섬 | **박성배** • 96

제1부

그리움으로 물든 시간들

그리움으로 물든 시간들

요란하게 아침을 깨우는
풀벌레 울음도 미명에 잦아들고
가지마다 부서지는 햇살은
하얀 그리움이 있는 낡은 편지

흐르는 강물에 풀어 놓을 수 있다면
그 속에 그리움 흘러가게 하련만
드리워진 어둠을 갈아 마시면서도
반짝이는 별빛을 품었던 날들이 있었다

햇살이 부럽기만 한 오늘
목메는 뭉클함으로
손때 묻은 백지 위에 떠오르는
아련한 기억들을 그려내련다

라일락 꽃 향기가 진한 날

조용히 찾아오는 진한 그리움에게
시인은 말한다

사방을 물들이며
평온이 녹아내리는 늦은 저녁
나를 향해 부르는 소리가 코끝으로 스민다
진한 시어를 품어 읊고 읊는
시인의 향기로 찾아온 날이라고

병들어 가는 사랑도 지친 그리움도
너의 향기에 녹아
내 잊었던 날들을 찾아간다

영산홍

그리움 손짓하며
붉게 타 들어가는 짝사랑

흩날리는 바람에
품은 마음 들킬세라
웅크리고 앉아있다

초월한 시간 산야를 붉게 태우고
임의 그림자를 밟고 읊조린다

바람을 빌어 임을 부르는
그 입술의 떨림은
소리 없이 흐느낀다

그리움

파라 모스와 티스베 사이 놓여진 벽처럼
우린 오랜 시간 그렇게
애태우며 왔음에도

난 오늘도
차가운 벽에 기대어 사무친 속내
드러내지 못하고

그저 조용히 노랫말을 읊고 있소
그리라도 취하지 않으면
먹먹한 마음 누를 수 없을 것 같아서……

먼 훗날 내 젊음을 그리워하며
월계수로 변해 가는 다프네처럼
그래도 사랑할 수 있을는지

꽃피는 산야에 새긴다

꽃샘추위

자리가 아닌 것 같아
다가가지 못해 머뭇거리는 동안
눈길이 먼저 달려가
차가운 손끝을 녹이며 그리움 오르는
찻잔에 숨어들어 하는 말

더듬어 볼 듯도 하건만
찾을 수 없는 미련 놓지 못해
빈 자리에 내려앉은
세월이 뿌린 시간을
담고 담아

가파른 이야기 틈에
쓸려 가면 어쩌나
염려도 잠시, 어느 사이
여민 옷 사이로 파고들어
보내지 못하는 그리움

겨울 숲

그는 알고 있다
겨울바람이 찾아와 울고 있는 이유를

소리 내어 마른 가슴 적셔
시린 그리움 쏟아내기 위해서란 것을

꽃이 피고 나면 그 푸르름이 말 할 거야
이런 일도 있었다고

당신이 오는 날

당신이 내게 오는 날
가슴속 깊이
아픔과 절망으로 감아둔
실타래 풀렵니다

풀리지 않는 매듭
덮어두고 싶은 이야기들
당신이 오는 그날
탄연한 마음으로
풀렵니다

끝이 다시 감길 때쯤
상사불망 세월 속에
또 다른 이별 이름
코일이 되어
감아 두렵니다

편지 1

행여 눈물자국 만들까
닦고 흔들어

다 하지 못한 말
꿀꺽 삼키고

손 가는 대로 따라
머뭇거리더니만

둥실 떠가는 구름에
삼킨 마음 실어 보내니

너를 향한 사랑은
자유롭게 춤춘다

짝사랑

조용히 다가가 잡은 듯싶었는데
빈 마음으로 돌아서서
흐린 날 숨죽이는 소리

잊을까 싶어
두 눈에 담아 새긴 이름은
마음을 적시는 뜨거운 빗물

알아나 주면 좋으련만
그저 홀로 바라보며
아파 오는 가슴앓이

당신 모습

애써 그려 보려는데
그릴 수 없어
마음 아파 오는 날

전에는
꿈길에 찾아와
다정히 속삭이더니만

오랜 시간의 탓인가
시곗바늘 돌려 보지만
세월의 문 발 앞에
보일 듯 말듯

마음 1

오라면 가고
가라 하면
살피고 살피는 뒷걸음

주머니 속에 넣어두고
언제고 꺼내고 싶을 때
꺼낼 수 있으면 좋으련만

마음 2

보이는 바닥과 보이지 않는 뒷면
그런 나뭇잎을 바라보며
당신을 읽는다

말없이 등 돌린 날
굳이 애써 보여 주지 않았음을
알아 간다

거친 바닥을
숨기려 한다고만 생각했다

왜 몰랐을까?
바름에 흔들리는 단풍나무 아래서
나뭇잎을 만지작거리며

사랑하기에

쉼 없이 달리는 시곗바늘도
늘 외로움을 안고 살아간다는 것을
너도 알고 있니
그러니 외로워 마라

봐라 시침이 숨차게 돌다가도
분침 앞에 헐떡이며 숨을 고르면
말없이 토닥토닥
등을 쓸어 주며 받아 주잖니

돌아보니 나는 너에게
너는 나에게
많은 시간을 기대고 싶었을 것이다
그래서 더 서운하지는 않았는지

그 서운함이 울렁거릴 때쯤
눈앞에 펼쳐진 어설픈 숫자들
소소하고 작은 것들이 살아나
아린 가슴은……

비도 내리지 않았는데
눈두덩이 창에 고인 이슬 너머로
어느 사이 좁아진 너의 어깨는
잠든 내 여심을 아프게 깨운다

그 부질없는 속앓이로
나만큼 외롭고 힘겨웠을 너
데운 찻잔 온기에 상한 속을 달래며
내 어깨를 내어준다

첫눈

살포시 바라보다 주춤거리며
조심스럽게 다가가
마음 문 두드려

쉬이 식어 버린다 해도
기억 속에 남을 수 있어 행복이고
꿈 꿀 수 있어 좋단다

제2부

아픔의 저편을 바라보며

아픔의 저편을 바라보며

변덕스런 날씨처럼 그저 바라보고 머뭇거리며
긴 터널에서 빠져나가지 못할 때
희미한 빛이 내 시야를 이끈다

환하게 웃으며 다가오는 그 빛은
볼 위로 타고 내리고 온 몸으로 그 빛을 안고서야
비로소 찾아온 평안은 참 오랜만이다

간만에 수락산 자락이 말한다
그처럼 가쁘게 달렸음에도
눈길 하나 주는 이 없는 텅빈 마음을

이제 숨을 고르고 돌아보며 말한다
지친 몸뚱이 누일 곳 없어도
아픈 날만 있었던 건 아니었다고

생애 의도치 않았던
장애물을 넘나들며 웃을 수 있었던 것은
그 그림 속 주인공이 나이었기에

많은 색깔들을 만나고 느끼며
가슴속에서 꿈틀거리는
나만의 색깔을 찾는다

류머티즘

보기만 해도 숨이 턱까지 차는 이십여 년의 흔적들
매달 받아오는 봉지마다 모양도 색깔도 다른
녀석들의 눈빛은 마치 나를 비웃는 것 같다

싫다고 아프다고 괴롭다고 퉁퉁 부은
무릎과 발목을 틀어진 손으로 어루만지며
허공에다 받아 주지 않는 투정을 한다

이제는 어딜 가든 날 따라다니는 약봉지
마치 그것들에게 조롱당하는 것 같아 슬프다
그럼에도 밀려오는 통증 때문에 다시 손을 내민다

새날이 오듯 내 삶에도 봄은 필 것이다
찬연한 햇살이 내게도 뿌려질 것이다
파릇파릇 어린 잎이 솟아오르듯 천천히 올 것이다

선물

죽은 나목처럼 아무것도 할 수 없는 날
아파도 약을 먹을 수 없습니다
이렇게 아플 줄은 꿈에도 생각지 못했습니다

돌아보면 병든 모습으로
당신에게 올 수밖에 없었는지
요즘처럼 내가 밉고 싫을 수 없습니다

내 몸에 지병을 스스로 원망하며
볼을 타고 내리는 눈물은
살아야 하는 또다른 이유를 말합니다

뱃속에서 꿈틀거리는 새로운 생명이
내 가슴을 쓸어내리며 먹먹하게 하는 날
아기와 당신에게 미안한 마음 차곡차곡 누릅니다

내 짝이 되어 준 당신의 눈가에 이슬이 말합니다
사랑한다고, 아프지 말라고
분명 당신은 하늘이 내게 주신 커다란 선물입니다

내게도 찬연한 햇살이

쓰디 쓴 저 어둠을 갈아 마시면
하얗게 쏟아지는 햇살에 평온을 찾을 수 있지 않을까

찬바람, 그 위에 내리는 어둠은
가시 돋친 내 칼바람으로 누군가의 옷깃을 파고들고 있다
오는 천둥과 번개는 부서진 마음으로
여기저기 뒹굴며 걷어차인다
그리고 마른 숲에 숨어들어 숨죽여 흐느낀다

놓아 버린 지친 마음은
큰 돌덩이가 되어 무거운 이름들로 변한다
잊지 말아야 할 것들을 잊어 가고
지워야 할 것은 지우지 못하고
가지고 있어야 하는 그것들을 놓쳐 버릴 때 두려움

그러나 이런 내게도 눈이 부신 날 오겠지……

밤에 울고 있는 나무

마른 대지에 단비가 내리듯
그대 목소리 젖어 어두워지는 날
뒤척이며 잠들 수 없는 오늘 밤

부는 바람에 방향을 잃어
뿌리까지 잊어버리는 기억들
먹은 마음처럼 다스릴 수 있다면야

욕망은 저 땅 끝에서부터
달아올라와 멍울멍울 모여
쉼 없이 꿈틀거리고

잡힐 듯 말듯 가지마다 솟아나
푸른 잎으로 숨어드는 푸념들
오갈 수 없는 장막 벗지 못해

가로등 불빛 아래
바람을 악기 삼아 노래하는 나무처럼
내 이름 부르는 건 아닌지

갈바람

어디서부터일까
마른 나뭇가지 사이로
찾아온 바람에 놀란 갈잎

조용히 어루만지는가 싶더니
바람이 흐느끼는 소리는
온몸을 바르르 떨게 하였다

갈잎은 그렇게 그가 흐느끼는
소리에 숨죽이며 귀를
기울이고 있었다

무어라 말할 수 없는 두려움에
그저 바람이 우는 소리를
닦아 주는 갈잎

멍에

물살이 밀려와
치고 달아나면
뼛속까지 아린 통증

갈잎의 노랫소리에 묻혀
소리 내어 울고도 싶었건만
목놓아 울 수도 없으니

놓을 수도 없는 당신
갈바람에 멍울진 나는
슬픈 억새풀

회양목 울타리

구름을 안은 듯 바람에 날릴까
짧은 팔이 모자라
눈으로 감싸안았다
어느 사이
안을 수 없을 만큼 커버려
너를 향한 노랫말은 메아리로만 남는다

가리고픈 것 먼저 보려 하니
고개 흔들어 타들어 가는 마음
내 사랑아 결코 욕심이 아니란다
다 주고 싶은 마음뿐인 것을
체념하듯 지독한 내 사랑은
차디찬 아린 마음으로 하얀 잔설이 되었다

어느 순간부터 내 말로 네 여린 가슴이 데일 때
놀란 내 가슴은 스스로 자책하면서도
그것이 아니기에 쉽게 놓을 수 없어 아프단다
네가 바라보는 그곳을 나도 같이 가면 좋겠지만
그저 그랬으면 하는 바람일 뿐 그런 바람이
오늘 나도 내 어머니를 목놓아 부르게 한다

외로움

창살로 타고 드는 햇살
마른손 잡아 일으키고

알 수 없는 힘에 이끌려
잡아 일으키는 시야는

고요한 들녘
푸른 언어로 깨어나는 영혼

보일 듯 말 듯
잡힐 듯 말 듯

미처 손닿지 못한 책장이며
문갑 위에 내려앉는 무거운 먼지

무겁게 일어나는
젖은 마음

슬픈 꿈

야윈 모습도 아니었고
아픈 모습도 아닌 보일 듯 말 듯
그렇게 찾아왔다가 가 버리는구나

혹여 그늘이 되어 줄까
매번 희망을 품어 보지만
찾을 수 없게 꼭꼭 숨어 버리면 허탈한 마음

이렇게라도 가끔씩 볼 수 있어
병든 내 맘 위로가 되는 것은
슬픈 집착인가

겨울 1

붉은 손끝으로 아려 온다
매섭게 조여드는
알 수 없는 초조함

그 시끄러운 속을 씻고 싶어서
욕심껏 깊이 들이마시고
배부름을 토해낸다

오래도록 지울 수 없는 기억 속에
머물며 나뭇잎이
옷을 갈아입을 때마다
살아나는 모습

현기증

머리 위에 물동이
정수리 끝에 실린
짓이겨지는 삶의 무게

아직 멀잖은가
벌써 풀려버린 다리는
휘청휘청 동이는 출렁출렁

우물가 아낙들의 입에서
피는 꽃들이
천지를 노랗게 물들인다

인생길

누런 양동이 가득한 물
바람에 품고
초조함으로 떨리는 진동

손아귀에 힘주고
들림의 움직임은 착각 속
제멋대로 출렁인다

힘에 부쳐 밥때 놓쳐
두어 번 걸음 미련하다 했는데
조급함에 흔들려 찰랑찰랑

다 못 찬 물통 눈길로 부으며
끼니 찾겠다고 소반 위에
물 말은 밥 김치 얹어 한 입

빈 잔

보일 듯 말듯
얼룩진 모습으로
어제를 더듬게 한다

쓴 미소와 함께
일어나는 거품들을
쏟아지는 물살에 보낸다

오늘 나는 빈 마음으로
바람에 기대어 말리며
내일을 담으려 한다

몽당연필

있는 듯 없는 듯한 존재감
스스로 일렁이는 울렁증
아픈 목을 더 꼿꼿이 세운다

자리를 찾아 이리쿵저리쿵
또르르 구르는 동화 속 주인공이 되었다

그래도 네가 생각지 못한 것은
내게 잠들어 있을 것이라는 꿈이 있어
난 오늘 그것들을 깨우는 중이다

자의든 타의든 이 역할극에서
빈 공간을 지키고 있는 것이
잠든 시간을 깨우기엔 충분할 것이다

제3부

일어서는 봄

일어서는 봄

긴 겨울에 눌려있는 당신의 뒷모습은
두려움과 함께 점점 얼어 가고 있어 아픕니다

당신에게 나는 언제나 피는 꽃이고 싶습니다
그래서 날마다 돌아봐 주기를 원한답니다

당신 혼자만의 겨울이 아닙니다
그 마음 녹여 주지 못한 나 또한 겨울앓이를 합니다

얼어 있는 마음을 우리 함께 보듬고 기다려요
처마 밑 담장에 기대어 슬며시 눈감고 내어놓는 날들을

나이

어제도 오늘도
내 마음을 무겁게 하지만
그래도 아침이슬을 밟고 눈뜨게 한다

돌아보지 못한 시간들이
부끄러워
들여다보이며 무겁고 버겁다

거듭되는 것들
다시 두엄으로 밟고
힘겹게 일어선다

무거운 열매가 탐스러운 열매이기를 바라며
또 한 해를 보내며
내게 주어진 것들을 받아든다

저녁 강을 안은 노을

하루를 갈무리 할 즈음
그는 산등성에 앉아
낮은 목소리로 노래한다

그리고 속이 보일 듯 말 듯한
강가에 서성인다. 그래서일까?
강물은 말없이 여운을 남긴다

도리어 그의 노래 소리에
속이 훤히 들여다보일까 봐
바람을 붙들고 반짝이는 강물

그 모습이 사랑스러워
노을은 붉게 물들이며
일렁이는 강을 안는다

포장마차

비 오는 날 퇴근길
출출함에 발길이 이끈 곳
후미진 곳에서 새어 나오는 불빛
허름한 이동식주점

분주한 주인아주머니 손놀림에
먹음직한 갯장어 한 접시와 소주 한 병이
건너편 손님 앞에 놓이고
김이 오르는 홍합국물을 건네며 주문을 받는다

담배연기와 한 잔 술에 지친 마음 달래며 마감하는
샐러리맨들의 이야기 묻혀서
따끈한 우동과 김밥 한 줄 시켜 놓고
다른 테이블에 진한 삶을 맡는다

그 마음에 물들고 싶어

들판 가득 꽃잎으로 물든 하늘을 이불 삼아
꾸었던 꿈은 길게 꿈꿀 수 없어 아쉬워하며
약속한 시간은 어찌 그리도 빨리 가는지

빗물 되어 쏟아지는 문발 사이로
술 취한 노랫말은 붉은 단풍이 되어
무수한 이야기로 떨어지고

다 알고 있다 했는데 그 무거운 입술은
홀로 아픔을 삼키고 있었다

살얼음 밟아 드리는 철없는 안식구에게서
쏟아지는 만 가지 언어에 놀란 가슴 누르고 눌러
길게 삼키고는 가슴 밀어내는 소리

서운한 마음은 어디로 가고
희끗희끗 솟은 흰머리가 내 탓인가 싶어

돌아누운 당신의 등 뒤에서 들었다오
이제는 물들인 빗장을 열고
그윽한 그 마음 밭에 함께 가려 하오

자귀나무 꽃 1

자유분방하게
구부러진 모습과 달리
가냘픈 연분홍 깃털

말없는 몸짓은
무언의 속삭임으로
접었던 부챗살 드리운다

이슬 한 모금에 감미로운
아침을 맞이하며 기지개를 켠다

대추꽃

이른 아침
연푸른 옷 갈아입고 찾아온 녀석
앙증맞은 모습으로
언제 거기 서 있었는지
어른거리며 창 밖에 서성인다

살며시 다가가 눈을 맞추면
양팔 벌리고 안아 달라는 듯
베란다 창문 넘어서 웃고 있다
찌는 햇살에 입꼬리 올라가게 하는
재롱둥이는 가을볕을 기다리는 아기천사

새벽비

톡 토도 톡 토도
쏴 아악 쏴 아악
깊은 밤 더운 이야기
식히는 소리에

덜 깬 새벽잠
창가 자리 잡고 서서
빗소리를 듣는다

거리마다 검은 거울
그 속에 졸고 있는
가로등 불빛 아래 젖은 나뭇잎이
좀더 자라고 속삭인다

봄비

추적추적 앞 다투어 빗살 가르며
울리는 경적소리에 놀란 가슴
움츠리며 돌아보게 하지

무엇이 그리 급한지
달리는 고철덩이는 고요함을 시샘하듯
그 흔적을 날리고 달아난다

겨우내 목마른 가슴 울퉁불퉁 갈라진 몸뚱이는
스스로 고목이 되지 않으려 하는 것을 알았는지
내 마음을 적신다

등나무

저 높고 푸름 앞에
닿을 수만 있다면
아집과 만용은 하늘을 찌르는 듯
꼬인 마음 걷잡을 수 없구나

아프게 조여 드는 옳은 말
새록새록 솟아나는 부끄러움
덮으려만 했으니
얼마나 어리석었나

이제 한쪽 귀마저 열어
잊지 말아야 할 중심으로
땡볕에 지친 이야기 들어 주는
그늘이 되어 주련다

새벽

지난밤 내게 들려 준 많은 이야기
어찌 그리도 달고 시원하던지
주신 말씀이 간밤에 설렘으로
이 새벽 눈을 뜨게 합니다
당신을 만나기 위해 옷 매무새를 만집니다

희미하게 껌뻑이는 가로등 불빛 지워지고
당신을 향하는 걸음은
마음 먼저 발길을 옮기고 있습니다
두 손을 포개고 설렘으로 고개 숙이며
당신의 목소리를 듣습니다

십이월

힘겹게 오른 산 중턱
다시 내려가야 하지만
오르는 동안 많은 생각으로
지루하지 않게 왔으니
이 얼마나 행복한가

바람 따라 들려오는 계절 이야기는
그간 조바심으로 웅크렸다
쏜살같이 달아나 버리는 어디선가
차가운 겨울을 피해 숨어 있을
작고 예쁜 다람쥐

머릿속에서부터 조용히 내려오는
땀방울은 다른 생각을 부르고
지치고 힘겨울 때쯤
내 속에 움츠린 부끄러운 모습을
훌훌 털어버리면

보려 해도 볼 수 없었던
저 아래 작게 모아둔 세상을

한눈에 담을 수 있어 돌아볼 수 있는

그 작은 여유가 나는 행복하다

제4부

바람 불어 멀리 가는 향기

바람 불어 멀리 가는 향기

활짝 피기를 기다렸다
그 아름다움에 취하여
오래 머물고 싶은 이여
짧은 시간을 아쉬워 마오

부서지는 햇살의
시기猜忌 어데까진가

지쳐 타 드는 앓는 가슴은
바람이 몰고 온
빗물이 대신 울어 주고

그 울음이 남긴 여운
푸른 잎은 크고 무성하게
그 흔적만 남기고
내가 그이었다고 말한다

침묵

드러낼수록
변명 아닌 변명으로
남은 것 없게 한 그 시간

다행인지 불행인지
분주함은 지친 쉰내에도
아랑곳 않고 머릿속을 비운다

저녁 무렵 해 지는 곳을 향하여
하루를 담고 또 담아
창가에 기대어 털어낸다

물동이에 담긴 마음

찰랑찰랑 넘칠까 봐
휘청거리는 걸음
가던 길 멈추어 섰소

들어 보소
성급한 마음에
모르고 흘린 시간

이고 온 물동이 내릴 때
돌아보지 않으려
이리 더 애태우나 보오

아름답고 행복하지만은 않아도

날아오는 그대의 차가운 언어는
나르시스가 알아 간 것처럼 그렇게
알 수만 있다면 그리 하고 싶다오
그대를 향한 내 입술에서 나오는 말은
돌아오는 메아리로만 남아
내 귓전을 맴돌고
하지 말아야 할 말은 걸어 두었어야 하는데
열어 보인 건 아닌지 내게 걸린 마법은
가혹한 눈물로 타고 내리며
그렇게 해질녘 강가에서
속을 태우며 말없는 수선화는
사무치게 저녁강을 물들인다

화해

드넓은 벌판에 버려진 듯
욕심이 만들어 낸
허허로운 마음

분단장하고 바람에
외로움 실어 보내며
희망을 품어 본다

있는 그대로 봐주면 좋으련만
버리지 못한 욕심은
더 큰 것을 바라고

시간이 지나면 알아가려나
변명하지 않고
가까이 오게 하는 개망초

귀갓길

검은 거울 위로 고개 숙인
가로등 불빛은 어둠을 깨고
물비늘을 춤추게 한다

강둑 넘어 쏟아져 내린
반짝이는 별빛
오랜 시간 잊고 있던 기억들은

하얀 차선 위로 줄지어
하품하며 피곤에 지친
붉은 두 눈인데
차창 건너편 노란 두 눈은
힘차게 거슬러 올라간다

안일한 내 마음을 잡아 주기 위해
길가 가드레인도 꿋꿋이
불안한 밤길을 지키고 있다

구르는 낙엽

입술을 달싹거리며 목마른 소리로
애타게 푸념해 본다

다 내어주고 그 허탈함은
이루 말할 수 없는 슬픔
스치는 바람에도 쓴웃음을 짓는다

밀려오는 아쉬움은
갈 곳 없어 이리 휘청 저리 휘청

갈빛 종잇장은
죽은 고무나무 기대어
이렇게 세상을 알아 간다

석류

향기 없다 하여 달콤한 속삭임
한번 받지 못하는 외로움은
희고 흰 마음에 붉은 눈물이 고여

여기 좀 봐주오
내 속에 담고 있는 달콤한
사연을 함께 나누자고 흔들어 보지만
곁눈 한번 주지 않는
무심한 바람

떨어진 후에야
비로소 쪼개어지는 아픔
감추어진 비밀은 하나씩 드러나
달콤한 사랑의 흔적은
그저 여운으로 남는다

결백

구석진 곳 음식물 쓰레기통
훅하고 올라오는 역한 냄새는
사방을 물들게 하고

호흡을 멈추고 돌아서는
내 발목 붙잡는 건
구석진 곳 반짝이는 두 눈

작은 소리에도 귀를 세워
동정을 살피더니 짖어대는 소리에
가책 없는 싸움이라 생각했는지
눈앞에 놓인 먹이를 안고
조용히 등 돌린 고양이

어두움은 역한 것들 쓸고
환한 빛과 함께 조용히 내 창을 열어
아침 공기로 어루만지며 깨워 주겠지

고목

다시 가 닿을 수 있으면
다 줄 터인데
내 빛은 바라고 온데간데없구나

마른 거죽 들떠 훤하게 드러나
속으로 저민 눈물은
휘어진 뿌리가 드러나고

이제는 듬성듬성 가는 가지에
기대어 파르르 떨고 있는
어린잎을 보듬는다

빈 병

자의 반 타의 반 휘둘려
좀처럼 알 수 없는 허전함으로
찬 소리 질러대며 깨질 듯 말 듯 떨어져 구른다

전날 눈부신
햇살의 따뜻함도 담지 못했음을 아쉬워하며
차이는 발길에 그저 쉬고 싶은 마음

아침 이슬에 지난날이 후회로 남아
보이지 않는 것들을 몰고 가는
바람의 움직임을 따라 구른다

아 이제는
너그러운 마음으로
곱게 물들어 가는 향기를 담고 싶다

고백

넉넉하지 못한
어제를 돌아보며
넉넉한 오늘이기를
바라는 마음이었습니다

타는 목마름으로
삼켜야 하는 것들이 멍울멍울 살아나
두 볼을 타고 내린 뜨거운 눈물
그 얼룩진 자리 어루만지시는 이여

당신의 부드러운 음성이
내 속에 잠들어 있는 나를 깨우는 오늘입니다

시계2

지친 모습
그저 같은 하늘 아래
함께라서 좋다

손잡고 거닐고 싶다만
쫓기어 앞서 달리고
지난 흔적 아쉬움 남지만

너와 나의 이야기는
우리 함께한 돌담에
곱게 접어둔다

12월 돌 틈에 접어둔
이야기들은 그때는 조급했으나
지나니 부끄러운 수줍음으로 남는다

진실 아닌 진실

복닥대는 속에 일어난 상처는
수없이 쏟아낸 눈물에 녹고 녹아
초연해질 때도 되었건만

복이 가진가 복 발하며
수발한 공덕만 떠올라 찬바람만 불고
초년에 온기는 잔설로 식어 가니

복잡다단한데
수런수런, 알고들 저러는지
초연하게 귀 닫고 걷자 다져 본다

복제된 마음 알 턱이 없잖은가
수단 위에 한 땀 한 땀 기다리며 담아야지
초싹거리다 크게 받는 것은 상처뿐인 것을

종소리

누군가 울부짖는 소리
그는 그 누군가를 위해 울어야 했다
그는 오늘도 그 누군가를 대신하여 또 울고 있다

울리며 받는 매질은 쓰리고 아프다
그래서 나는
눈물이 앞을 가린다

오늘도 울리는 소리 뒤에서 조용히 흐느낀다

제5부

사랑이 머무는 자리

고향의 향기

장날 구수한 사투리가 듣고 싶어
지치고 상한 마음 달래며
하나씩 지워 가는 그리운 곳
그곳에 가면 고달픈 내 삶도
잠시지만 위로 받을 수 있을 것 같아
두려움과 설렘을 안고 무작정 나섰다

까마득해지는 기억들은 어릴 적 그곳이 아니다
안개 속을 파고 찾아든 기억을 더듬어
시간마다 오는 버스에 올라앉아
차창에 정겨운 풍경이 펼쳐진다
덜컹덜컹거리며 달리는 버스는
어릴 적 소녀처럼 설렌다

정류장 문 열리며 아낙들 이고 진 보따리에선
바람이 쓸고 가며 풀어진 찔레꽃 향기에
유난히 엄했던 아버지가 떠오른다
어릴 적 들에 나갔다 돌아오시며
꺾어다 주시던 찔레 순과 보리수 가지가
돌아갈 수 없는 시간을 그립게 한다

화랑대 간이역

경춘선 위치한 기찻길 옆
화랑대 간이역

철마의 발 빠른 기적 소리는
좁은 개찰구를 밀고 들어와
옹기종기 모여 앉은 이들 불러일으킨다

오가는 안부 묻기 바쁜
역장님의 구수한 인사는 낙엽송에 둘러싸여
함박웃음으로 노래하고

저마다 이고 진 보따리 속에 담긴
구수한 이야기 내려놓던 역사 앞마당 사이로
보일 듯 말 듯한 젊은 헌병들의 모습은

이제 빨리 돌아가는 필름 속에
삶의 애환과 함께 고스란히 담겨
문화재 300호 남았다

서울역

막차와 첫차를 기다리는 이가
또다른 출발을 위해
서로 마주보고 있다
구석진 곳 등짐을 베개 삼아
마시던 술병 끌어안고
겨우 잠든 노숙자

호루라기 소리에 아쉬워 뜨고 난 자리
어둠이 내렸던 역사엔
쏟아진 삶의 비릿한 흔적
물든 어둠을 닦아내는 손길
빠른 필름이 돌아가는
새벽 역사의 시간여행

일개미

종일 여기저기 발 품 팔아 본들
이 몸 빈 손이니 어찌하리

해질녘 처마 밑 턱 괴고 있을
슬픈 눈을 어찌하라고

가뭄에 야박한 인심
입에 풀칠 걱정 한 짐이니

잡히는 건 이고지고 가야지
빈 손인 것보다 낫겠지

어머니

어머니, 당신의 시린 마음 읽지 못해
철없는 며느리의 원망과 미움은
속으로 곪기만 하고
말 못한 지난 시간 후회로 남습니다

이제 낮과 밤의 변화에
한시도 그 조바심 버리지 못하시고
예까지 온 당신의 삶이
눈물로 멍울져 쓰리고 아파 옵니다

손등에 움푹 패인 삶의 고개는
해진 가죽옷 사이로 아련하게
그려지는 그림자로
마른 낙엽이 되어 갑니다

갈라진 고랑에 간만에 바른
로션에도 젖지 못한 거친 손
패인 상처 위에는 첫째, 둘째, 셋째, 넷째
자식 걱정에 도리어 더 깊어 갑니다

아버지의 눈물

우직하게 솟아오른 근엄함 그 뒤에는
지치고 힘든 삶 안아 주는
보이지 않은 마음이 숨어 있는 그 애틋함을 몰랐어라

다 자란 여식의 마음 다칠까
지친 삶 들키는 것도 싫어
길게 뻗은 능선은 고지식한 당신의 모습

언제나 병풍 치고 고된 삶과 알 수 없는 훈계는
내 초조함과 타오르는 열정을
바위절벽 끝에 머물게 하였습니다

갈급한 마음 담아 찾는 철없는 여식을
먼저 그리움 태우며 곳곳에 뿌린
보이지 않는 눈물

이제 이 여식은 고인 당신의 사랑이
그 긴 세월 불암산 산자락에
머무는 깊은 샘이 아닌가 싶습니다

수락산

사계절 흐르는 맑은 소리
물풀 헤집고 허리춤 추는 송사리들
개울물이 부르는 청아한 노랫소리

무엇이 그리 궁금한지
솟아오른 돌부리 위에 올라앉더니
쏜살같이 숨어버리는 도롱뇽

오고 가는 이들의 지루함 덜라고
저마다 한 번씩 갈아입은 옷에
시인의 노랫소리는 즐거운 향연

덩달아 신이나
저울질하며 옮겨 다니는
청설모와 다람쥐

드문드문 알려 주는
산사에 울리는 소식은
버리고 간 세상사 이야기
웃고 우는 소리에

답답한 마음 나도 여기 털어 버리면
웃으며 돌아오는 메아리

내 사랑이여

버거운 마음 다 채우지 못해
쓸어내리는 날이면
과정일 뿐이라며
살포시 끌어안아 주는 당신

내 두 눈에 고인 눈물 닦아 주면
얼었던 마음 녹아내립니다
쓴 말 단 말 삼키며
내 그림자 되어 안아 주는 당신

사랑하는 내 딸아

너의 작은 눈동자가 내 눈을 맞출 때
네가 세상을 볼 수 있어
감사의 눈물을 흘렸단다

어린잎에서 어느덧 꽃을 피우려는
너를 바라보며 대견스럽기보다
세상에 내놓아야 하는
걱정과 불안함이 앞서는구나
그 어떤 꽃이
이처럼 예쁘고 아름다울 수 있겠니
보기만 해도 탐스럽기만 한 내 딸아

사랑이 머무는 자리

그대 있을 만한 곳 바라보며 그곳에 머리 두고
후회는 않는지 기억이나 해줄는지
그랬음 좋으련만 우연이란 희망을 품는다

가장 사랑스러운 사람이라고 말해 준 당신이 있어서
아파도 가장 빛난 시간이었기에
지금 구름을 붙잡고 나직이 당신의 이름을 부른다
그대 지금 어디쯤 머물고 있는지
어떤 생각을 하고 있는지
온통 시려서 이슬이 고여 그렁그렁

내게만큼은 칭찬을 아끼지 않았던 당신
그런 당신이 내게 힘이 되어
지치고 힘겨울 때마다 그 추억을 곱씹는다

J야 갈바람은 그렇게 너를 찾아왔구나

J야 너와의 통화가 끝나고 참 많이 생각했다
너의 눈가에 맺힌 이슬을 닦아 줄 수도
위로할 수도 없는 그저 내 처지를 한탄하며
어렴풋한 기억을 더듬어 낭랑 소녀의 모습을 부여잡고 묻는다

J야 그때 너라면 오늘 어떤 결정을 내렸을지
인생 중반 갈림길에 외로운 내 친구
네 눈물이 짠 바닷물을 적셔 버릴 만큼
지친 네 모습이 가슴을 아리게 한다

네가 보내 준 영상은 말을 잇지 않아도
고스란히 바닷물에 녹아 이는 파도에 부서진다
J야 거친 갯벌에 살아숨쉬는 생명체도
해무를 덮고 산다지……

새벽녘 해무가 네 시야를 가리고
너를 무겁게 하지만 곧 물러가고
너의 눈으로 햇살을 담고 물 비늘을 춤추게 할
너의 이름을 불러 본다

5월의 꽃

아이야
어여쁜 너의 모습을
내 부질없는 욕심에
꺾지 말자고 가슴을 쓸어내린다

아이야
네가 내 것인 줄만 알고
내게 두려고만 하였다

아이야
네 속에 어떤 향낭을 넣어 두었는지
나누고 싶은 마음 마음이지만
나는 외면하고 싶을 때가 더 많았구나

내가 활짝 피었던 날들을
더듬어 기억하며
네 뒤에서 두 눈으로 조용히 밟는다

서울의 강

그리움을 토해내듯 이른 아침
유유히 피어오르는 물안개

부족함도 나댐도 손잡고 일어나
푸른 하늘을 담고
아침을 깨운다
물 비늘에 부시는 눈
몸부림치는 마른 마음을
촉촉이 적시고

깊어지는 밤이면 강가에 피어 오르는
잔잔한 불꽃처럼
그렇게 유유히 흘러간다

봄나물

온기가 몰고 오는 상큼함이 코끝을 자극하며
어김없이 일어나는 어머니의 손맛
베 보자기 허리에 두르고 어린잎 어르시던
두툼한 어머니 손에서 나는 흙냄새

중년의 나이에 내 입에 고인 침은
거친 손으로 베 보자기 속에 담긴
어머니의 사랑이었습니다

오늘 그 손맛이 그리워
들판을 찾아 온 어린잎을 어르며
핏기 없는 모습으로 병상에 누워 계신
어머니를 생각합니다

이 봄의 향객은
잃었던 어머니의 입맛을
찾아주었으면 좋겠습니다

사계 1

여린 연둣빛 사이로
어린 꼬마 녀석들
노란 입을 벌리고 하하 호호

천지를 초록으로
물들게 하며 춤추는 물결
젊은 날 아버지의 자화상

알록달록 완연한 추색
화폭에 옮겨 담아낸
화가의 이야기

대지 위의 하얀 눈은
언 땅을 덮어 주듯
어머니의 사랑을 읊는다

| 작품 해설 |

시에 기댄 시어, 그리움과 아픔과 일어섬

• 작품해설 •

시詩에 기댄 시어詩語, 그리움과 아픔과 일어섬

박 성 배
(아동문학가 · 계간문예작가회 회장)

1. 첫 시집의 의미

내가 문학행사에서 남승원 시인(작가)을 처음 만난 때는 2008년도 5월, ≪아동문예≫에서 주관하는 '아동문학의 날' 행사 때였다. 내가 교장으로 있는 노원초등학교 강당에서 아동문학의 날 행사를 하면서 신인상 수상식도 있었는데, 바로 남승원 시인이 동화로 등단하여 상을 받았다. 남승원 시인은 같은 해에 시로 등단하면서 동화와 시를 쓰기 시작했다. 무엇인가 써야겠다는 문학을 향한 열망이 최고조에 달한 시기였다고 본다. 올해로 등단한 지 10년이 거의 차 가니까 첫 시집 발간이 조금 늦은 셈이다.

문인이 첫 작품집을 내는 것은 일종의 신고식이라 할 수 있다. 아무리 다른 문학상을 받았더라도 문인으로서의 신고식은 역시 작품집 발행이다. 그러나 사람의 성격에 따라서 첫 작품집 발행이 빠를 수도 있고 늦어질 수도 있다. '더 좋은 작품을 선보이고 싶은데'라는 생각으로 뜸을 들이다보면 쉽게 작품집을 내지 못하고 세월만 훌쩍 지나가 버린다. 남승원 시인도 그런 경우라고 본다. 한 문인의 첫 작품집은 참으로 중요한 의미를 지닌다. 작품의 수준이 높아서라기보다는 어떤 방향으로 작품활동을 펴기 시작했는지를 가늠할 수 있는 자료가 되기 때문이다. 또 첫 작품집 발간은 출발선에서 출발했다는 의미도 갖는다. 어떤 스포츠나 마찬가지이지만 특히 달리기는 출발을 하면 결승선에 도달할 때까지 순간순간 최선을 다해야 한다. 이제 남승원 시인도 첫 시집을 출간하면서 시의 세계에 더 몰입하고 번민하고 탐구하는 구도자의 길을 가리라 본다. 첫 시집의 기운이 그를 가만히 두지 않을 것이기 때문이다.

남승원 시인의 첫 시집 출간에 박수를 보내면서, 앞으로 어떻게 변화하며 시의 영역을 넓혀 갈지 기대하며, 여기서는 남승원 시인의 시에 나타난 삶을, 시어를 통해 이해해 보고자 한다. 그것이 같은 지역에 살면서 남승원 시인과 교류했던 내가 할 일이라고 보기 때문이다.

2. 시어詩語 '그리움'

남승원 시인의 시에서는 몇 개의 시어가 시의 중심무게를

잡고 있다. 그 중에 하나가 '그리움'이다. 많은 시인들이 자신의 시 출발점을 '그리움'으로 잡는 경우가 많다. 이는 그리움이 마음으로 통하고, 그 마음은 영혼으로 향하고 있어서 물이 아래로 흐르는 것처럼 매우 자연스런 현상이다. '그리움'의 뿌리는 '사랑'이다. 한 사람이 살아가면서 부대끼며 지냈던 부모나 연인이나 친구나 고향이나 삶에게 느꼈던 사랑이 화석처럼 남아서 그리움이 된다. 님승원 시인은 이런 모든 것을 아울러 '시간'으로 지칭하였다. 그 시간은 석류알처럼 해맑은 그리움이라는 알갱이들을 품고 있다.

요란하게 아침을 깨우는
풀벌레 울음도 미명에 잦아들고
가지마다 부서지는 햇살은
하얀 그리움이 있는 낡은 편지

흐르는 강물에 풀어 놓을 수 있다면
그 속에 그리움 흘러가게 하련만
드리워진 어둠을 갈아 마시면서도
반짝이는 별빛을 품었던 날들이 있었다

햇살이 부럽기만 한 오늘
목메는 뭉클함으로 손때 묻은 백지 위에 떠오르는
아련한 기억들을 그려내련다

— 〈그리움으로 물든 시간들〉 전문

햇살은 그리움의 초침이다. 남승원 시인은 그 초침에서 낡은 편지 같은 그리움을 읽는다. 쓸쓸하거나 외로운 분위기이거나 달 밝은 밤에 혼자 있을 때 썰물처럼 밀려오는 그리움은 자칫 감상적일 수 있다. 그러나 남승원 시인의 그리움은 아침에 떠오르는 햇살과 함께 있다. 말하자면 남승원 시인의 시에는 어느 순간 센티멘탈리즘에 빠져 밀려드는 그리움이 아니라 삶에 도배를 하듯이 그리움이 배어있다. 이러한 사람은 눈빛이 맑다. 악한 일을 도모할 줄 모른다. 박목월 시인이 노래했던 '청노루 맑은 눈에 도는 구름'과 같은 이미지를 느끼게 된다.

파라 모스와 티스베 사이 놓여진 벽처럼
우린 오랜 시간 그렇게
애태우며 왔음에도

난 오늘도
차가운 벽에 기대어 사무친 속내
드러내지 못하고

그저 조용히 노랫말을 읊고 있소
그리라도 취하지 않으면
먹먹한 마음 누를 수 없을 것 같아서…

먼 훗날 내 젊음을 그리워하며
월계수로 변해가는 다프네처럼

그래도 사랑할 수 있을는지

꽃 피는 산야에 새긴다

— 〈그리움〉 전문

파라모스와 티베스는 로미오와 줄리엣의 원형이라 할 수 있는 이야기의 등장인물로, 사랑하는 사람이 죽었다고 오판하고 혼자 사느니 죽는 것이 낫다며 목숨을 끊는 비극적인 이야기의 주인공들이다. 반대로 디프네는 사랑을 고백하는 아폴론을 피해 월계수로 변한다.

사랑은 강을 거슬러 올라가는 은어처럼 인간의 욕망을 거슬러 가는 경우가 많고 그런 사랑일수록 진한 그리움을 남기게 된다. 파라모스와 티베스 사이를 막아서는 벽이 없었다면 사랑도 덜 순수하고 덜 간절하여 그만큼 그리움이라는 조명도 약해졌을 것이다. 어항 속 산소발생기에서 산소거품이 올라오듯이 남승원 시인의 삶에서는 그리움이 퐁퐁 솟아오른다. 남승원 시인이 노래한 '첫눈'처럼 조심스럽게 다가가 문 두드리지만 이내 녹아지고 마는 것일지라도, 그 그리움이 시로 모습을 갖추는 것은 자연스러운 일이다.

3. 시어詩語 '아픔'

남승원 시인의 첫 시집에 두드러진 또 하나의 시어는 '아픔'

이다. 세상의 모든 사람들은 그리움과 마찬가지로 각기 자기의 아픔을 갖고 산다. 그 아픔이 육체적이든 정신적이든 서로 영향을 미치기 때문에 어느 한쪽에 아픔이 생기면 삶 자체가 아플 수밖에 없다. 내가 다 안다고는 할 수 없지만 남승원 시인의 아픔을 어느 정도 알고 안타까워하고 있다.

지난 3월 소식이 없던 남승원 시인의 메일을 받고, 많이 힘들어하고 있다는 것을 알았다. 말 그대로 착한 사람, 법 없이도 살 수 있는 사람에게 오는 아픔에 대해서 신은 어떻게 생각할지 궁금했다. 나는 시라기보다는 신에게 질문하는 심정으로 카페에 다음과 같은 글을 올렸다.

〈결국 할 수 있는 일 하나〉

주변을 잘 돌아보는 여인
남에게 힘을 주는 여인
마음이 하도 맑아 슬픈 여인이 있어요

시를 쓰며
동시와 동화를 그리며
저문 날 뒤꼍을 도는 잔바람처럼
엄마의 속삭임으로 시를 낭송하는
맑은 이슬 같은 여인이지요

소식이 두절된 어느 날
손목의 염증과 잦은 통증에 빈혈
거기에 우울증까지 겹쳐
괴로운 모습 보여 주기 싫어 은둔한다는
메일이 왔어요

난 메일을 읽고
들을 걷다 날개 다친 가냘픈 새 한 마릴 보고
어찌하지 못해 풀잎에 가려 놓았던 어린 시절이 떠올라
그냥, 그냥, 하루를 지나쳤어요

信仰이, 詩를 쓰는 일이
이리 막연하게 느껴져
그냥 멍하니 나를 놓아 버렸지요.

그러나 어찌하겠어요
내가 붙잡을 게 따로 없잖아요
괜히 빙빙 돌다가
다시 돌아와
제단에 詩를, 가슴 쥐어짜는 詩를 향불로 올리고
神을 붙잡고 늘어져

祈禱 하는 일밖에는……

— 남승원 시인의 메일을 받고

남승원 시인은 이런 아픔을 갖고 있으면서도 항상 밝고 남을 잘 배려한다. 무슨 일이나 성실하고 열정적으로 한다. 노원문인협회 사무국장으로 6년을 일하면서 연령층이 다양한 회원들이 화합할 수 있도록 분위기를 조성하고 노원문협이 정착하는 데 크게 기여를 했다. 이런 남승원 시인을 가깝게 알고 지내는 것도 내겐 행운이다.

남승원 시인의 시를 통해 그 아픔을 구체적으로 알 수 있다.

보기만 해도 숨이 턱까지 차는 이십여 년의 흔적들
매달 받아오는 봉지마다 모양도 색깔도 다른
녀석들의 눈빛은 마치 나를 비웃는 것 같다

싫다고 아프다고 괴롭다고 퉁퉁 부은
무릎과 발목을 틀어진 손으로 어루만지며
허공에다 받아 주지 않는 투정을 한다

— 〈류머티즘〉 부분

남승원 시인을 괴롭히는 류머티즘을 견디게 해 주는 몇 가지가 있다. 남편의 사랑은 물론이지만 효성이 지극한 딸 유진이와 아들 원중이다. 그리고 남승원 시인의 타고난 긍정적인 마인드와 맑은 마음이다. 여기에 동화와 시를 쓰는 문인이 되었으니 아픔을 흘려보낼 수 있는 통로가 있는 것이다. '보기만 해도 숨이 턱까지 차는 이십여 년의 흔적들'을 '허공에다 받아 주지 않는 투정'을 하는 시인의 아픔에 시가 있어서 얼마나 다행인지 모른다.

어디서부터일까
마른 나뭇가지 사이로
찾아온 바람에 놀란 갈잎

조용히 어루만지는가 싶더니
바람이 흐느끼는 소리는
온몸을 바르르 떨게 하였다

갈잎은 그렇게 그가 흐느끼는
소리에 숨죽이며 귀를
기울이고 있었다

무어라 말할 수 없는 두려움에
그저 바람이 우는 소리를
닦아주는 갈잎

—〈갈바람〉 전문

남승원 시인은 사람과의 교류에서도 가끔 아픔을 갖는다. 선한 사람들이 세상을 살다보면 전혀 예기치 않는 바람 불어오듯 '이게 뭐야?' 하고 어이없어할 때가 있다. 그때마다 '어디서부터일까/ 마른 나뭇가지 사이로/ 찾아온 바람에 놀란 갈잎'처럼 예기지 않은 바람에 놀란 갈잎이 된다. 나처럼 순진하고, 나처럼 진실된 줄 알았는데 전혀 생각지도 못한 일상에서 질투와 모략이 있을 때는 대처 방안을 모른다. '그저 바람이 우는 소리를/ 닦아 주는 갈잎'이 될 뿐이다.

드러낼수록
변명 아닌 변명으로
남은 것 없게 한 그 시간

다행인지 불행인지
분주함은 지친 쉰내에도
아랑곳 안고 머릿속을 비운다

저녁 무렵 해 지는 곳을 향하여
하루를 담고 또 담아
창가에 기대어 털어낸다

— 〈침묵〉 전문

세상을 살다 보면 먼지 털어내듯이 창가에 기대앉아 털어내야 하는 소음이 참 많다. 이럴 때 남승원 시인이 대처하는 방법이 침묵이다. 먼지가 자욱하게 일어나는 곳에서 말을 해 봐야 먼지만 마실 뿐이다. 〈화해〉에서 노래한 '시간이 지나면 알아가려나/ 변명하지 않고/ 가까이 오게 하는 개망초'처럼 가까이 와 진실을 볼 때까지 기다리는 것이다. 악한 일에는 더 강한 힘으로 대처하는 방법이 있겠지만 남승원 시인은 진실이 밝혀질 시간을 믿으며 조용히 기다린다. 그 기다리는 시간은 고스란히 품어야할 아픔이다.

4. 시어詩語 '일어섬'

남승원 시인의 시에 나타나는 또 하나의 시어는 '일어섬'이다. 아픔이 아픔 그대로 버려지거나 절망으로 방치되지 않고 폭우 뒤의 풀처럼 푸르게 일어나 향기를 발한다. 시에서는 '일어섬' 낱말 그 자체로 사용되기도 하지만 일어섬의 이미지나 일어섬의 작용으로 표현되기도 한다.

구석진 곳 음식물 쓰레기통
훅하고 올라오는 역한 냄새는
사방을 물들게 하고

호흡을 멈추고 돌아서는
내 발목 붙잡는 건
구석진 곳 반짝이는 두 눈

작은 소리에도 귀를 세워

동정을 살피더니 짖어대는 소리에
가책 없는 싸움이라 생각 했는지
눈앞에 놓인 먹이를 안고
조용히 등 돌린 고양이

어두움은 역한 것들 쓸고
환한 빛과 함께 조용히 내 창을 열어
아침공기로 어루만지며 깨워 주겠지

— 〈결백〉 전문

남승원 시인이 많은 사람들과 좋은 교류를 하고 있지만 가끔 상식을 벗어나 '구석진 곳 음식물 쓰레기통/ 훅하고 올라오는 역한 냄새는/ 사방을 물들게 하고'로 표현할 수밖에 없는 사람도 만나게 된다. 그럴 때 '환한 빛과 함께 조용히 내 창을 열어/ 아침공기로 어루만지며 깨워 주겠지' 하고 아침이면 모두 잊고 일어날 것을 다짐한다. 이러한 다짐은 〈일어서는 봄〉의 '당신 혼자만의 겨울이 아닙니다/ 그 마음 녹여 주지 못한 나 또한 겨울앓이를 합니다.' 〈나이〉의 '어제도 오늘도/ 내 마음을 무겁게 하지만/ 그래도 아침이슬을 밟고 눈뜨게 한다', 〈저녁 강을 안은 노을〉의 '도리어 그의 노래 소리에/ 속이 훤히 들여다보일까 봐/ 바람을 붙들고 반짝이는 강물,' 〈석류〉의 '떨어진 후에야/ 비로소 쪼개어지는 아픔' 등 다양한 방법으로 '얼어섬'을 꽤하고 있다. 그런 일어섬의 반복적인 시도는 자연스럽게 인생이 뭔가를 알아가는 경지에 들게 한다.

누런 양동이 가득한 물
바람에 품고
초조함으로 떨리는 진동

손아귀에 힘주고
들림의 움직임은 착각 속
제멋대로 출렁인다

힘에 부쳐 밥때 놓쳐
두어 번 걸음 미련하다 했는데
조급함에 흔들려 찰랑찰랑

다 못 찬 물통 눈길로 부으며
끼니 찾겠다고 소반 위에
물 말은 밥 김치 얹어 한 입

— 〈인생길〉 전문

남승원 시인은 〈인생길〉에서 인생이란 결코 평탄하지 않다는 것을 암시하고 있다. 아울러 그러기에 '일어섬'이 필요하다는 것을 깨닫는다. 더 나아가 일어서는 방법을 터득한다. 바로 '끼니 찾겠다고 소반 위에/ 물 말은 밥 김치 얹어 한 입'

하는 것이다. '일어섬'이 복수를 한다거나 통쾌한 대반격이 아니라 '물 말은 밥에 김치 얹어 한 입 하는 것'이다. 이러한 '일어섬'은 큰 물줄기처럼 흐르는 한민족의 무의식에 담긴 유전자로 수많은 외침을 견디고 우리 것을 지켜온 조상들의 '일어섬'이다. 센 비바람에 뽑힐 듯 흔들거리지만 결코 지치거나 사라지지 않고 다음 날 해 날 때 거짓말처럼 푸른 잎을 세운 들풀을 보는 듯하다. 승리를 자축하는 승전가가 아니라 끼니 찾아 물 말은 밥에 김치 얹어 한 입 먹고 들풀처럼 일어서는 아리랑인 것이다.

계간문예시인선 126

남승원 시집_ 사랑이 머무는 자리

초판 인쇄 | 2018년 1월 11일
초판 발행 | 2018년 1월 15일

지 은 이 | 남승원
회　　장 | 서정환
발 행 인 | 정종명
편집주간 | 차윤옥

펴낸곳 | 도서출판 계간문예
편집부 | 03132 서울 종로구 삼일대로 30길 21 종로오피스텔 808호
주소 | 03132 서울 종로구 삼일대로 32길 36 운현신화타워 305호
전화 | 02-3675-5633, 070-8806-4052
팩스 | 02-766-4052
이메일 | munin5633@naver.com
등록 | 2005년 3월 9일 제300-2005-34호
ISBN 978-89-6554-172-1 04810
ISBN 978-89-6554-118-9 (세트)

값 10,000원

이 도서의 국립중앙도서관 출판예정도서목록(CIP)은 서지정보유통지원시스템 홈페이지(http://seoji.nl.go.kr)와 국가자료공동목록시스템(http://www.nl.go.kr/kolisnet)에서 이용하실 수 있습니다. (CIP제어번호: CIP2018000994)